RÉSUMÉ DU SYSTÈME

DE M. LE GÉNÉRAL LÉTANG

SUR L'ALGÉRIE.

3e Édition.

» En tout temps des vérités très-simples ,
» très-évidentes ont été contredites , et ce
» n'est qu'après avoir été souvent repro-
» duites qu'elles ont enfin triomphé. »

PARIS,
Chez DUMOINE (maison ANSELIN), libraire pour l'art militaire,
rue du Dauphine, 36.

1845.

Cette Brochure se trouve chez les principaux libraires de Paris et de la province.

Arras : Imprimerie de Jean Degeorge.

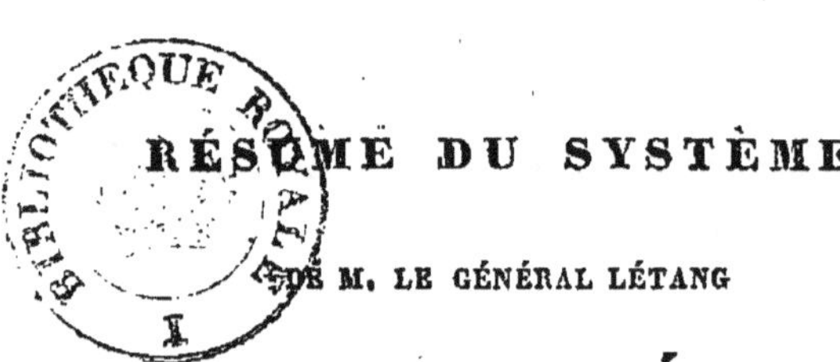

RÉSUMÉ DU SYSTÈME

DE M. LE GÉNÉRAL LÉTANG

SUR L'ALGÉRIE.

3e Édition.

AVANT-PROPOS

de cette 3e Édition.

Les tristes épisodes de la guerre d'Afrique qui viennent de se passer dans la province d'Oran n'ont que trop malheureusement justifié les appréhensions exprimées dans cette brochure dont la première publication remonte à plus de trois ans.

Faudra-t-il encore de plus funestes échecs pour nos armes, de plus énormes dépenses en pure perte pour terminer enfin la question de l'Algérie à ses véritables termes ? La France s'obstinera-t-elle plus long-temps à la conquête purement éphémère d'un territoire qu'elle pourrait avec des sacrifices moins grands mais mieux entendus transformer en une florissante colonie?

Nous l'ignorons, mais nous n'en resterons pas moins fidèle à la maxime qui nous a servi d'épigraphe, et chaque fois que les évènements viendront à l'appui de nos assertions en démontrant l'inefficacité des systèmes d'occupation qui ont jusqu'ici prévalu, nous ne nous lasserons pas de répéter que la voie dans laquelle on persévère est mauvaise, dangereuse, et qu'il faut savoir se résigner à rétrograder pour en sortir puisqu'elle ne conduit à aucun but profitable à la France. Non pas, certes que nous voulions conseiller d'abandonner tout-à-coup et pour toujours tant de postes avancés aussi péniblement qu'inconsidérement installés, dans la croyance mal fondée qu'ils suffisaient pour soumettre d'emblée tout le pays. Un tel parti serait peut-être intempestif au début d'une lutte nouvelle que les Arabes engagent avec tous les caractères d'une animosité d'autant plus violente qu'elle a été plus comprimée. Mais nous pensons qu'il faut graduellement revenir à des bases sûres et faciles à défendre , et qui permettraient néanmoins, s'il le fallait pour maintenir toutes les tribus sous notre dépendance, de lancer au cœur de la contrée des forces imposantes. Or, ce sont des bases réunissant ces conditions, qui sont déterminées dans l'ouvrage dont nous reproduisons l'analyse.

Nous croyons aussi toujours que les moyens indiqués dans cet ouvrage pour assurer notre domination sont les seuls applicables, et qu'on aurait dû, qu'on doit encore les employer , non partiellement comme on l'a fait, mais tous ensemble parce qu'ils forment à eux tous un système complet, en tout point préférable au système guerroyant jusqu'à présent en faveur et dont nous ressentons aujourd'hui si douloureusement l'impuissance. Parmi ces moyens, la formation de grands camps-bourgades, la remise de quelques villes aux indigènes, la détention en France non-seulement des Arabes pris les armes à la main, mais encore des familles, des tribus entières soulevées, nous paraissent, de même, dignes d'être profondément méditées et le plutôt possible exécutées.

Pour nous, notre conviction est depuis long-temps définitivement arrêtée sur l'Algérie, sur les fautes qui y ont été commises, et nous croyons nous rendre utile en cherchant à la propager; car si ces fautes sont encore maintenant réparables, elles pourraient bien ne pas l'être plus tard.

AVANT-PROPOS

de la 2e Édition.

> « En tout temps des vérités très simples,
> » très évidentes ont été contredites, et ce
> » n'est qu'après avoir été souvent repro-
> » duites qu'elles ont enfin triomphé. »

Ce résumé est extrait presque textuellement d'un ouvrage publié en 1840 sous ce titre : « *Des moyens d'assurer la domination française en Algérie.* » Dans cet ouvrage, le système d'occupation à cette époque mis en pratique, était déclaré inopportun, ruineux, et frappé peut-être à jamais de stérilité. Ce système est encore celui que l'on suit aujourd'hui, ou du moins il n'a pas été essentiellement modifié. L'on semble vouloir persévérer dans une voie que sans doute on croit bonne, mais que, de notre côté, nous persévérons à croire dangereuse à suivre. Aussi regardons-nous comme un devoir de reproduire quelques pages dans lesquelles l'opinion publique indécise, inquiète de la nullité de tant d'efforts aussi prolongés, pourra suivant nous trouver des documens propres à la fixer.

Conserver l'Afrique est la volonté générale; mais la conservation n'est possible qu'à la condition de coloniser. Or, on conserve il est vrai, mais grâce à la guerre qui se perpétue; et les chances variables de la guerre peuvent un jour remettre en question la conservation. Si donc la guerre est nécessaire surtout dans l'état actuel des choses, la colonisation ne l'est pas moins. Cependant, on s'occupe activement de l'une et l'on travaille trop secondairement à l'autre; en un mot, la domination et la colonisation ne marchent pas de front. Ainsi, la pensée mère de l'ouvrage dont ces chapitres sont tirés, est rejetée comme une utopie. Pour nous, nous avons médité, mûri cette pensée; elle a pénétré de plus en plus dans nos convictions et dans celles de beaucoup de personnes qui ne l'avaient pas d'abord entièrement approuvée; et en appelant de nouveau l'attention sur ses développements, nous n'avons pas tant pour but de blâmer le système actuel, que de coopérer à faire enfin considérer la question de l'Algérie sous son véritable point de vue, par tous ceux qui peuvent, en raison des pouvoirs gouvernementaux que notre constitution leur a dévolus, changer au profit de la métropole, en une source de prospérité, de gloire et de puissance, une colonie qui jusqu'à présent n'est pour la France qu'un gouffre où s'engloutissent ses trésors, ses soldats, et d'où ne s'élèvent pour elle que des présages d'embarras, de difficultés, et même de revers si l'équilibre actuel de l'Europe se trouvait soudainement troublé.

L'époque très prochaine de la discussion du budget de l'Algérie, dans les Chambres, explique assez aux méditations de qui sont adressés particulièrement les cinq chapitres qui suivent cet avant-propos.

CHAPITRE I.

DES DIVERS SYSTÈMES D'OCCUPATION DE L'ALGÉRIE.

CHAPITRE 1er.

DES DIVERS SYSTÈMES D'OCCUPATION DE L'ALGÉRIE.

Il n'est que trop évident pour quiconque a suivi attentivement la marche de nos affaires en Afrique, que, malheureusement engagés dès notre début dans une fausse route, nous n'avons pas eu la sagesse de nous arrêter. Ainsi, devant des obstacles que nous aurions pu éviter et que souvent nous avons créés nous-mêmes, nous avons multiplié nos efforts, mais nous n'avons jamais songé à leur donner une nouvelle direction.

Fallait-il donc, dira-t-on, parce que nous avons eu le tort de vouloir nous étendre et trop vite et trop loin, revenir ensuite à une occupation restreinte ? Non, répondrons-nous. Mais comme on ne trouve pas la fin de ce qui ne commence pas, il fallait commencer par occuper réellement quelques points du pays pour arriver progressivement à occuper tous les autres, au lieu de camper passagèrement sur tous ces points sans être définitivement maitres d'aucun d'eux. Non, l'occupation purement militaire et bornée au littoral ne peut être proposée comme un remède à nos erreurs passées et à nos déceptions actuelles ; car, si cette occupation est moins dispendieuse que toute autre, elle n'assure dans l'avenir, ni un débouché à notre population croissante, ni d'importans avantages à notre commerce; et si, dans l'état actuel de nos relations avec l'Europe, elle peut offrir, au premier coup-d'œil, quelque utilité militaire et maritime pour la France, il faut avouer aussi qu'en cas de guerre, cette utilité serait assez problématique, et que les points fortifiés sur la côte où nous laisserions quelques bataillons bientôt assiégés par les vaisseaux ennemis et par les Arabes soulevés, ne resteraient que difficilement en notre pouvoir. D'ailleurs la France ne peut ni ne veut tirer si peu de parti de sa conquête. Ce sol, sur lequel le sang de tant de nos soldats a coulé, doit nous appartenir tout entier, et grâce à sa fécondité qui n'attend que le travail pour se montrer dans toute sa vigueur, nous devons récupérer un jour tous les sacrifices pécuniaires auxquels nous nous sommes résignés, non pas pour faire flotter notre drapeau sur quelques forts isolés, mais bien dans l'espoir de voir s'élever, sur le territoire de l'ancienne régence, une riche et florissante colonie. Si cet espoir est encore loin d'être réalisé, c'est, dit-on, parce que les émigrations européennes rencontrent en Afrique des dangers qui les rendent rares aujourd'hui et peu probables dans l'avenir tant qu'elles n'y trouveront pas une complète sécurité. L'absence de nombreux colons européens, l'opiniâtre résistance d'une population belliqueuse qui défend son indépendance, son pays qu'elle croit menacé de ruine par notre présence, tels sont donc les principaux obstacles qui s'opposent au succès de notre entreprise. Or, comment avons-nous procédé tout d'abord pour les surmonter? Nous avons voulu soumettre à tout prix les Arabes pour favoriser l'arrivée des émigrans Européens. Répondant à leurs attaques partielles par de fréquentes expéditions dont, plus d'une fois, les suites ont été aussi fatales pour nous que pour eux, nous avons toujours employé la seule voie des armes, sans recourir à celle de la persuasion. Nos récentes et nombreuses *razzias*, les préparatifs actuels d'une nouvelle et longue campagne contre Abdel-Káder, prouvent que nous ne sommes pas encore disposés à abandonner cette ligne de conduite. « Faisons une guerre heureuse, dit-on ; et les colons viendront ensuite. » On se trompe, c'est de front que la guerre et la colonisation doivent marcher, sous peine de n'avancer ni l'une ni l'autre.

Il est vrai que, tout en faisant la guerre avec vigueur, M. le général Bugeaud a récemment tenté quelques essais de colonisation. Mais il n'aurait pas fallu concentrer tous ces essais sur quelques familles européennes seulement. Il fallait aussi faire une part aux indigènes qu'on semble exclure de la colonisation et des bénéfices qui en peuvent résulter ; il fallait, par tous les moyens possibles, les attirer comme travailleurs dans cette grande œuvre, et ne pas la leur laisser considérer comme le prélude de leur dépossession du pays. Certes, il convient d'attirer en Afrique beaucoup de colons Européens ;

mais qu'importe donc tant l'origine des colons? Ce sont des bras qu'il faut, avant tout, pour fonder des colonies; or, n'avons-nous pas, sur les lieux mêmes, les bras de nos soldats et des Arabes? Pourquoi, dès à présent, ne pas les utiliser en attendant l'arrivée des colons Européens, qui alors deviendrait d'autant plus certaine, qu'un commencement de colonisation serait la meilleure garantie de la sécurité qui manque aujourd'hui à cette classe de colons.

On ne saurait trop le dire, nos sacrifices en hommes et en argent ont été trop grands et trop long-temps stériles, pour que nous puissions les continuer sans compromettre, pour l'avenir incertain d'une colonie, les intérêts les plus positifs de la métropole. Il faut donc se hâter, à défaut de colons européens, d'employer les deux seuls élémens actuellement puissans pour coloniser. Il faut se hâter, car il n'y a pas d'autres moyens d'arriver à une prochaine réduction de nos dépenses, et cette réduction est le premier résultat qu'il importe d'obtenir. Il n'est pas non plus d'autres moyens de donner définitivement, à notre établissement en Afrique, les bases solides qui lui sont indispensables pour s'élever dans la suite au degré de force et de prospérité auquel il peut arriver.

Indiquons sommairement d'abord quelques-unes des mesures principales qui semblent devoir amener promptement et économiquement des résultats si désirables. Nous développerons ensuite les moyens d'exécution de ces mesures, et nous espérons prouver que toutes sont facilement applicables.

Personne ne conteste qu'il faut coloniser; mais nous disons en outre qu'il faut sans retard faire commencer la colonisation en y employant simultanément l'armée et les indigènes ; car il n'est pas impossible de rapprocher et de combiner ces deux élémens aujourd'hui réciproquement animés de sentimens hostiles et de les faire concourir tous deux, chacun suivant leur nature, à la consolidation de la colonie.

En effet, l'armée, sans cesser d'accomplir la mission spéciale d'assurer par ses armes notre suprématie, pourrait consacrer une partie de ses forces et de son énergie à des travaux agricoles et industriels. Etablie sur des bases d'opération bien choisies dans chacune des provinces de l'Algérie, elle y devrait occuper de grands camps destinés à devenir des bourgades ou des villes dans lesquelles elle serait remplacée plus tard par des colons Européens. Invulnérable dans ces camps, elle en déboucherait à volonté pour aller châtier les tribus rebelles. Sous la direction de leurs généraux qui joindraient à leurs fonctions militaires celles d'administrateurs, nos soldats pourraient profiter du repos dont ils jouiraient pendant une grande partie de l'année dans ces camps ou bourgades élevés par leurs mains ; l'agriculture, les haras, l'éducation des bestiaux , etc., etc., occuperaient leurs loisirs et seraient pour eux des moyens d'augmenter leur bien-être particulier en même temps que la richesse sociale de la colonie.

Quant aux indigènes, la guerre seule ne suffira jamais pour les rallier à nous. Si nous voulons traiter loyalement avec eux, donnons leur des gages de notre bonne foi, comme nous-mêmes nous en exigeons d'eux ; faisons leur des concessions ; laissons-les vivre à leur gré dans leurs villes et dans leurs douars. Nous dirons plus, (et cette assertion que nous justifierons pourra paraître étrange au premier abord), il y aurait même avantage pour nous à nous retirer dans les nouvelles villes que nous élèverions et à leur rendre celles de leurs villes que nous occupons aujourd'hui, moins Alger déjà devenue toute française. A la suite de telles concessions, nous serions en droit d'exiger d'eux une franche alliance de leurs intérêts avec les nôtres. Cette alliance, il faut bien le reconnaître, ne s'opérerait pas immédiaiement. Les Arabes prolongeraient la lutte, d'abord parce qu'ils ne croiraient pas à la franchise de nos concessions, ensuite parce que des haines qui prennent leur source dans des différences de race et de religion ne s'éteignent pas en un jour. Nous devrions alors remplacer ces mesures de conciliation par d'autres plus énergiques. Mais quand notre armée serait forcée d'agir, elle ne devrait marcher, pour être toujours certaine du succès, qu'en force et seulement par des temps favorables. Après avoir atteint nos ennemis, elle ne devrait pas s'abandonner au pillage et à la dévastation de leurs biens. Un moyen plus efficace de les frapper et de les forcer à se soumettre serait de déporter en France, non pas, comme on l'a déjà fait, quelques chefs de tribus, mais sans exception tous les prisonniers faits dans le cours de nos expéditions; nous expliquerons aussi plus tard comment cette mesure contribuerait efficacement à amener à composition les tribus les plus récalcitrantes. Pour nous, nous avons la ferme conviction que la force et la persuasion employées à propos vis-à-vis des Arabes peuvent les soumettre, sans que ni l'un ni l'autre de ces moyens employé exclusivement amène ce résultat. Or, les Arabes soumis que sont-ils pour la France, sinon de véritables colons.

Et si cette soumission s'accomplit même partiellement, mais au moins de bonne foi, (et jusqu'ici aucune soumission de tribus n'a été réellement telle), alors au lieu d'avoir à redouter sans cesse les attaques des Arabes, nous pourrons enfin les opposer d'abord à eux-mêmes, et peut-être un jour les employer à défendre notre colonie si elle était menacée; et certainement, nulle puissance n'enlèverait l'Algérie gardée par une armée française peu nombreuse mais soutenue par des indigènes dirigés et disciplinés par elle.

Cependant, comme la soumission ne sera pas d'ici longtemps complète, il importe, pendant toute l'époque transitoire entre notre situation actuelle et la pacification générale du pays, d'établir notre armée de telle manière qu'elle puisse à la fois résister contre des forces maritimes et contre les indigènes. C'est ce qu'elle ne pourrait faire disséminée, presqu'aventurée comme elle l'est aujourd'hui dans l'intérieur des terres. Nous concevrions tout au plus cette dissémination, si, assurés d'une paix perpétuelle en Europe, nous n'avions qu'à songer à soumettre les Arabes. Mais il n'en est pas ainsi; qu'une guerre éclate, et notre armée, toute considérable qu'elle est, sera évidemment compromise; c'est là un vice capital du système actuel auquel il faudra tôt ou tard remédier. Dieu fasse qu'on ne s'y prenne pas trop tard.

Comme nous l'avons déjà dit, nous développerons dans d'autres chapitres les moyens d'exécution des mesures dont nous venons de parler. Nous entrerons même dans quelques détails sur les moyens secondaires propres à hâter le moment où la colonie se montrerait enfin sous un aspect de force et de prospérité. Nous examinerons aussi plus loin quel est le choix à faire entre un gouverneur civil et un gouverneur militaire. Toutefois nous pouvons dire dès à présent que si notre conviction est qu'un gouverneur civil convient à l'Algérie, nous reconnaissons en même temps que dans la situation que nous nous sommes faite le gouverneur ne saurait être encore aujourd'hui que militaire. Mais nous appelons de tous nos vœux l'époque où la substitution du premier au second sera possible ; car à cette époque, on sera du moins sorti du système suivi depuis dix ans en Afrique, système d'après lequel on a fait et on fait encore des razzias, des expéditions plus ou moins brillantes, mais d'après lequel on ne fonde, on n'organise rien. Le système de razzias nous fait entretenir 80,000 hommes en Afrique. Que des circonstances fortuites fassent diminuer ce chiffre de l'armée, et les résultats obtenus à grand'peine s'évanouiront aussitôt en ne nous laissant que le regret d'avoir inutilement dépensé des millions et sacrifié nos soldats. Il est donc bien temps d'ouvrir les yeux sur le danger qu'il y a à persévérer dans un tel système et sur la nécessité d'en adopter un autre plus conforme aux intérêts de la mère patrie.

CHAPITRE II.

DE L'ARMÉE.

CHAPITRE II.

DE L'ARMÉE.

Nous avons dit que l'armée devrait à la fois combattre et coloniser. Il résulte de ce double rôle que les bases d'opérations sur lesquelles ses premiers camps seraient établis devraient satisfaire à deux conditions essentielles. Elles devraient être militaires dans l'acception propre de ce mot, c'est-à-dire nous permettre de rester imperturbablement sur la défensive tant que nous le voudrions, et de prendre avantageusement l'offensive aussi quand nous le voudrions. Elles devraient être aussi choisies de manière qu'à proximité d'elles, on trouvât des terrains propres à la culture.

Nous croyons que ces bases sont :

1° Dans la province d'Oran, la portion du littoral comprise entre Mostaganem et Arzew.

2° Dans la province d'Alger, la ligne qui va d'Alger à Belidah et qui coupe à peu près en deux parties égales le Sahel et la plaine de la Métidjah.

3° Dans la province de Constantine, la ligne qui joint Bône à Constantine. Au point de vue militaire la ligne de Philippeville à Constantine est peut-être préférable, mais comme la résistance des Arabes est plus molle dans cette province que dans les deux autres, qu'on peut déjà par conséquent y coloniser plus sûrement, il serait convenable de commencer par exploiter ce riche territoire de Bône qui nous est déjà parfaitement connu.

Aux extrémités de chacune de ces bases se trouveraient placés deux grands camps, bourgades ou villes futures dont les fondements auraient été ainsi posés par nos soldats. L'emplacement de chaque grand camp étant reconnu et adopté, les limites de leurs zônes seraient indiquées par une chaîne de petits postes d'observation à l'abri de toute surprise, couvrant et le camp lui-même et une partie des terrains ensemencés et des pacages concédés aux corps de troupe.

Les bornes de cette publication ne nous permettent pas d'entrer dans des détails sur le mode de construction de ces camps et de l'exploitation des terrains qui en dépendraient ; on pourra, si l'on veut, trouver ces détails dans l'ouvrage dont ces chapitres sont tirés. Nous dirons seulement qu'il est possible de les faire construire à très peu de frais, qu'ils peuvent facilement et sûrement abriter d'abord nos soldats, et ensuite les colons appelés à les remplacer. Nous ajouterons que l'exploitation par l'armée des terrains voisins des camps ne serait autre chose qu'une application du système de grande culture qui produit plus à moins de frais et qui, aujourd'hui, est une nécessité en Afrique comme la division des propriétés en est une en France. Grâce à ce système, on pourrait défricher promptement d'immenses terrains dont l'usufruit deviendrait vacant par la diminution progressive de l'armée au fur et à mesure que la paix s'affermirait, et qui pourraient être alors livrés par lots à de petits cultivateurs colons incapables d'entreprendre tout d'abord des défrichemens sur une aussi grande échelle.

Dans l'enceinte de ces grands camps les nouveaux colons commerçants qui surviendraient, ainsi que ceux qui sont déjà sur les lieux et qui ne vivent qu'en spéculant sur la solde de l'armée, devraient toujours trouver une place assurée, ne fussent-ils considérés que comme élément d'une population civile qu'il faut chercher à former. Des colons agricoles ne tarderaient pas à venir s'installer au dehors et sous la protection des camps, qui, par le triple concours du gouvernement, de l'armée et des colons, deviendraient, comme nous l'avons dit, des villes Européennes, émules amicales des villes Arabes qui en seraient voisines et qui devraient avoir été rendues aux musulmans par les motifs que nous expliquerons dans notre prochain chapitre.

Bientôt, confians dans la force qui résulterait de leur agglomération, colons et soldats donneraient à leurs premiers essais agricoles un développement tel que, peut-être, avant peu de temps, la colonie pourrait se passer de toute importation de céréales et de denrées de première nécessité : et ce n'est que lorsqu'on en sera venu à ce point, c'est-à-dire, quand l'armée et la population civile pourront pourvoir presqu'entièrement elles-mêmes aux principaux besoins de leur subsistance, que la colonie sera à l'abri des dangers qu'elle courrait aujourd'hui, s'il éclatait une guerre maritime pendant la durée de laquelle elle n'aurait aucune ressource à espérer de l'intérieur, du moins tant que les Arabes ne seront pas étroitement réunis à nous.

Ce qui précède suffit pour faire sentir combien l'armée peut être utile aux progrès de la colonisation. Il nous resterait à dire comment nous croyons qu'on devrait la faire opérer lorsqu'elle serait mise en mouvement pour combattre. Mais nous ne pouvons consacrer que quelques mots à ce sujet tout spécial.

Au lieu de ces expéditions si fréquentes qui n'indiquent qu'un seul but, celui de perpétuer la guerre et de substituer ainsi les moyens à la fin, nous voudrions de rares expéditions, mais toutes faites à propos, dans une intention bien arrêtée et réunissant toutes les chances possibles de succès.

Battre l'estrade pendant les trois quarts de l'année, ce n'est pas du tout soumettre le pays ; c'est tout simplement faire mourir nos soldats à la peine, dépenser notre argent en pure perte, et aiguiser l'esprit guerrier des Arabes en les jetant dans le désespoir par la destruction de leurs maisons et de leurs douars. Certes, si après leur avoir accordé les concessions dont nous parlerons dans le prochain chapitre, nous les voyons s'obstiner à nous rester hostiles, nous aurons bien le droit d'aller les chercher et les punir ; mais pour cela il faut que nous soyons certains de les atteindre. La concentration de tous nos moyens d'action dans les grands camps que nous voudrions voir établir et qui auraient, entr'autres avantages, celui de profiter, au besoin pour la défense, de toutes les non-valeurs qui restent toujours en trop grand nombre dans les villes que nous occupons maintenant, cette concentration pourrait nous donner cette certitude; mais tant que nous tiendrons nos troupes disséminées, agissant par petites colonnes, (et malgré l'augmentation de l'armée, des colonnes ont été récemment encore mises en mouvement avec un effectif trop faible, non-seulement pour qu'elles puissent agir utilement, mais même pour ne pas leur faire encourir de graves échecs), en un mot, tant que nous n'aurons pas adopté de bonnes bases d'opérations, cette certitude nous manquera, et l'armée malgré sa bravoure et son dévouement sera une charge pour la métropole, sans devenir pour elle comme elle devrait et pourrait l'être, l'instrument le plus puissant de la domination et de la colonisation en Algérie.

CHAPITRE III.

DES INDIGÈNES.

CHAPITRE III.

DES INDIGÈNES.

Quelles sont les mesures à prendre à l'égard des Indigènes pour les attirer à nous, leur donner confiance en nos projets et vaincre enfin cette opiniâtre résistance qu'ils nous ont opposée jusqu'à ce jour? C'est à cette question que nous allons répondre.

La transformation successive de nos grands camps en villes Européennes serait pour les Indigènes une éclatante manifestation de notre ferme volonté de nous installer définitivement en Afrique, mais le rétablissement des villes musulmanes dont les forts seuls seraient occupés par de petites garnisons françaises, dissiperait en eux la crainte de nous voir les dépouiller tôt ou tard de leurs biens, et les déciderait à se rapprocher d'une nation qui prouverait à la fois sa force et sa justice, sa puissance et sa modération. Dans ces villes ainsi rendues aux musulmans, on verrait bientôt la population indigène s'augmenter de ceux à qui la crainte ou la haine, ou seulement des susceptibilités religieuses ont fait prendre la fuite lors de notre arrivée, et bientôt aussi de tous ceux à qui notre conduite à l'égard de leurs co-religionnaires déjà fixés dans ces villes ferait enfin comprendre que notre souveraineté ne peut qu'être préférable au despotisme des Turcs et à la tyrannie des chefs Arabes qui ont remplacé ces anciens dominateurs du pays. Respectés dans leur religion, dans leurs mœurs et jusque dans leurs préjugés; rassurés par des forces imposantes toujours prêtes à sortir de nos camps pour les protéger contre toute agression des chefs Arabes, qui, comme Abd-el-Kader, voudraient les punir d'avoir pactisé avec nous; enfin, délivrés de toutes ces perplexités qui les ont éloignés de nous jusqu'à présent, les habitans des villes indigènes finiraient par embrasser franchement notre cause, et, la plupart d'entre eux se livrant au commerce, ils deviendraient bientôt nos entremetteurs, nos courtiers près des tribus de l'intérieur. De là un premier rapprochement entre nous et ces tribus. Or, quelqu'objection que puisse soulever cette proposition d'abandonner des villes dont nous sommes maîtres aujourd'hui (Alger excepté), on peut être certain que cette mesure serait déjà un pas assuré vers la pacification; car c'est en partie parceque d'abord les villes n'ont pas été respectées, que les Arabes de la campagne se sont soulevés contre nous. De ces premières hostilités est résulté une haine croissante contre ceux qu'ils regardaient comme de véritables spoliateurs. Au lieu de chercher à leur prouver que nous pouvions très bien vivre en paix à côté d'eux, nous avons accepté la guerre avec empressement, et notre manière de la faire a pu souvent leur donner à penser que nous voulions ou les refouler jusqu'au désert ou les exterminer complètement. En vain devenus parfois moins exigeans dans nos prétentions, nous sommes nous tracés volontairement des limites;

pourquoi les Arabes auraient-ils respecté ces limites que l'accroissement de la population Européenne appelée par la sécurité devait un jour nous forcer à franchir? En nous attaquant sans cesse dans nos lignes, les Arabes n'ont donc fait pour ainsi dire que prévenir nos envahisemens futurs; c'est un instinct préservatif qui leur a fait continuer une guerre assez acharnée pour tenir éloignés les colons dont l'arrivée eût hâté l'époque de leur dépossession.

Mais, cessons de dénier aux Arabes une part des richesses que leur pays nous promet, et, tout en nous établissant solidement en Afrique, appelons à nous les populations indigènes; cultivons le sol avec elles; attirons-nous d'abord leur confiance par une conduite aussi ferme que généreuse, et nous aurons bientôt après leur amitié; initions-les progressivement à la civilisation qui ne peut tout-à-coup pénétrer parmi elles, mais dont elles sauront bien, tôt ou tard, apprécier les bienfaits. Alors notre cause sera celle de l'humanité, car notre conquête sera à la fois profitable aux vainqueurs et aux vaincus.

Suivant nous, il aurait donc fallu dès notre début, il

faudrait encore aujourd'hui faire connaître franchement aux Arabes, notre but, nos intentions irrévocables. Une sorte de charte ou contrat devrait faire la part des Indigènes et la nôtre, proclamer notre suprématie, exiger d'eux (ne fût-ce que comme signe de soumission) le paiement de quelques impôts, régler nettement nos relations politiques et administratives avec eux, promettre et donner à nos alliés protection en toutes circonstances, enfin leur montrer l'avenir prospère qui peut résulter pour eux de l'union de leurs intérêts avec les nôtres. Ainsi, loin de prouver l'absence de tout système par des revirements continuels dans notre conduite envers les Arabes, notre premier soin devrait être d'adopter un système, de le mettre au grand jour afin qu'en ne nous en voyant jamais départir, ils comprissent que, notre persévérance devant assurer nos succès, ils n'ont rien de mieux à faire qu'a terminer une lutte non moins ruineuse pour eux que pour nous et dans laquelle ils seraient certains de succomber.

Nous ne voulons pas dire que des mesures empreintes d'un caractère de conciliation suffiraient seules pour que les Arabes se rapprochassent de nous. Notre retour à des sentimens de modération pourrait même d'abord être pris pour de la faiblesse et augmenter leur audace actuelle. A ceux qui rejetteraient la paix, ce serait donc la guerre qu'il faudrait faire, mais une guerre qui fût pour eux plus calamiteuse et pour nous cependant moins onéreuse que celle que nous leur faisons aujourd'hui. Nous ne pouvons entrer ici, sur ce sujet, dans des détails purement militaires. Le succès des expéditions en Afrique tient à des conditions trop diverses pour que nous songions à les énumérer. La connaissance du pays, l'organisation des colonnes expéditionnaires, leur conduite, etc., etc., tout cela demande une étude profonde et basée sur une longue expérience. Passons donc outre pour le moment et supposons que l'une de nos colonnes mises en mouvement contre des tribus rebelles, les aient atteintes. Il est évident que, afin de faire redouter aux autres tribus un sort semblable à celui des premières atteintes, celles-ci devront être impitoyablement frappées, toutefois moins encore dans leurs biens que dans la liberté de leurs habitans. En effet, dévaster la campagne, couper les arbres, brûler les douars ou villages, tous ces moyens de nuire aux Arabes, ne sont pas non plus sans préjudice pour nous, si nous devons un jour réussir à pacifier le pays et à en tirer parti. C'est pour cette raison (à laquelle se joignent, d'ailleurs, des motifs d'humanité, car plus on fera de prisonniers, moins il y aura d'horribles massacres de part et d'autre) ; c'est pour cette raison, disons-nous, que nous préférerions voir nos ennemis punis plutôt dans leurs personnes même que dans leurs propriétés. Nous voudrions donc que nos colonnes fissent le plus possible de prisonniers Arabes, et que ces prisonniers fussent tous envoyés en France jusqu'à la soumission complète de leurs tribus. Les enfants même devraient subir un sort semblable à celui de leurs pères, et leur déportation en pays chrétien jetterait la plus grave perturbation au sein des tribus. La mort pourrait paraître, à de fidèles musulmans, préférable à cette déportation, et l'exaltation de ce sentiment se comprendra facilement chez eux, si l'on songe à la profonde compassion qu'excitèrent autrefois chez nous, les chrétiens réduits à l'esclavage dans les états barbaresques. Quels sacrifices ne s'imposa pas alors la chrétienté pour leur rachat? Quel dévouement des corporations religieuses ne firent-elles pas alors éclater pour rendre ces malheureux à la liberté. Les Arabes transportés en France (où des terrains convenables ne manqueraient pas, sur le littoral de la Méditerrannée, pour les établir comme ils le sont en Afrique dans leurs douars), les Arabes, ne seraient pas de nos jours réduits à l'esclavage, mais leur position n'en serait pas moins déplorable aux yeux de leurs co-religionnaires, dont le fanatisme surpasse encore aujourd'hui celui dont les chrétiens furent jadis animés même au temps des croisades. Forcés d'opter entre la tranquillité dont elles pourraient jouir si elles persistaient dans leurs hostilités, c'est au premier de ces partis que se décideraient, sans nul doute, la plupart des tribus. Ainsi la mesure proposée ne peut que hâter la pacification ; elle est humaine, utile à la réussite de nos projets d'établissemens ; on ne saurait donc la mettre en pratique trop promptement et sur une trop grande échelle.

Après avoir dit comment l'armée pourrait contribuer aux progrès de la colonisation en même temps qu'elle établirait notre domination en Afrique, comment on pourrait apaiser les haines des Arabes envers nous et concilier leurs intérêts avec les nôtres, nous devons parler de l'emploi simultané de l'armée et des indigènes pour passer ultérieurement d'une occupation sagement resserrée à une occupation entière et définitive de la Régence ; ce sera le sujet du chapitre suivant.

CHAPITRE IV.

DES MOYENS D'ÉTENDRE PROGRESSIVEMENT NOTRE DOMINATION SUR TOUTE L'ALGÉRIE.

CHAPITRE IV.

DES MOYENS D'ÉTENDRE PROGRESSIVEMENT NOTRE DOMINATION SUR TOUTE L'ALGÉRIE.

Lorsque l'armée et les premiers colons se seront établis et consolidés dans des positions voisines du littoral, lorsqu'une partie de la population indigène aura fait sa soumission, il sera temps seulement de conduire nos opérations à leur dernier terme et d'occuper définitivement, dans l'intérieur des terres, toutes les positions de quelque importance et qui sont assez indiquées par des villes comme

Médéah, Milianah, Mascara, Tlemcen, etc. Devions-nous, pour cela, agir par nous-mêmes et d'une manière immédiate, comme nous l'avons fait, en occupant ces villes avec des forces assez considérables? N'eût-il pas mieux valu amener la soumission des tribus les plus éloignées et qui nous resteront le plus long-temps hostiles, en déléguant notre autorité aux tribus déjà soumises et auxquelles nous aurions pu assurer aide et protection pour l'accomplissement de cette tâche, si nous nous étions, de prime-abord, établis en force dans chaque province sur les bases d'opérations qui ont été définies dans notre second chapitre? C'est ce dernier parti qui nous semble préférable au premier.

Il faudrait donc, suivant nous, pour arriver à une domination complète, faire occuper les villes de l'intérieur de la Régence par les tribus indigènes les mieux disposées en notre faveur. Nos dernières campagnes ont fait tomber ces villes en notre possession ; ce serait donc déjà une concession faite aujourd'hui à nos alliés, que de les leur confier, en les laissant s'installer, soit dans leur intérieur soit sous leurs murs, et y vivre à leur gré ; mais à charge pour elles d'agir à l'égard des tribus récalcitrantes des environs de ces villes, de la même manière que nous aurions d'abord agi à leur égard, d'après le système indiqué dans notre troisième chapitre.

Ainsi, les chefs de ces Arabes auxiliaires lèveraient les impôts et nous en tiendraient compte. Ils pourraient, d'ailleurs, être dirigés dans leur conduite politique par les chefs des petites garnisons françaises qui seraient laissées dans l'un des forts de chacune de ces villes et qui seraient pour les tribus une garantie de notre protection. Certains maintenant plus que jamais que nous pourrions toujours rentrer dans ces villes quand nous le voudrions, les Arabes qui consentiraient à les habiter en notre nom, n'ont plus besoin que d'avoir confiance en notre prompte et opportune assistance dans le cas où elles seraient attaquées par des tribus hostiles. Cette confiance, c'est non-seulement la présence parmi eux de quelques-uns des nôtres à qui nous ne saurions, au besoin, refuser secours, mais plutôt encore notre établissement sur de bonnes bases d'opérations, qui peut la leur donner. Tant que nos établissemens auront un caractère provisoire et précaire, les

Arabes n'auront aucune tendance à se rapprocher de nous. Ils espéreront nous voir un jour abandonner un pays où nos actes sont si variables, si indécis. « Le passage des Français en Afrique est un orage, disent-ils, courbons la tête, l'orage passera et nous serons libres. » De là, ces soumissions continuelles des tribus à nous, puis à Abd-el-Kader et *vice versa*.

Mais si nous créons de grands camps, si nous consolidons nos créations, si nous prouvons que notre armée peut, en sortant de ses camps, se porter facilement et promptement dans toutes les directions, alors celles des tribus Arabes à qui leurs intérêts inspirent déjà quelque tendance vers nous, entreverront que nous ne voulons pas quitter le pays, que notre appui ne leur manquerait jamais; alors ni les chefs ni les simples indigènes ne nous feront défaut comme auxiliaires, alors enfin, il sera possible de faire occuper par ces alliés les villes de l'intérieur, qui nous donneraient désormais de nouvelles bases d'opération et des points de ravitaillement assurés, sans l'appui desquels il nous sera toujours impossible de tenir long-temps la campagne. Les tribus alliées ainsi établies dans l'intérieur seraient, pour ainsi dire, notre avant-garde quand nous voudrions aller châtier les tribus éloignées qui refuseraient à nos alliés le paiement des impôts que nous aurions fixés. Elles seraient en même temps une barrière entre nos établissements coloniaux et celles de ces tribus hostiles qui tenteraient de venir nous insulter dans nos camps. Que si par un mouvement hardi et rapide, quelque tribu venait ravager nos cultures, n'est-il pas évident qu'alors installés fortement pour l'offensive comme pour la défensive, nous pourrions toujours leur rendre au centuple le mal pour le mal. C'est ce que nos ennemis comprendraient bientôt, et c'est ce qui les ferait rester tranquilles chez eux. Ils produiraient alors ; ils finiraient par nous vendre leurs produits ; or, que pouvons-nous vouloir de plus ?

C'est ainsi, qu'au moyen des Arabes eux-mêmes, nous établirions notre domination sur tout le pays, et que nous pourrions le gouverner sans quitter le littoral, comme autrefois le dey d'Alger gouvernait la Régence, et comme encore aujourd'hui s'exerce la puissance turque, à Tunis, à Tripoli et même en Egypte, sauf, bien entendu, à faire la part de l'influence de la civilisation dans notre mode de gouverner.

Pour conserver au centre de la régence des points d'appui et de ravitaillement, nous obstinerons-nous à laisser dans les villes de l'intérieur les fortes garnisons que nous y avons placées à défaut de solides alliances avec les indigènes? Dans la province de Constantine, cette mesure a amené quelques résultats heureux, mais ces résultats seront-ils durables? Il s'est déjà élevé à cet égard plus d'un doute que quelques événemens récens semblent justifier. Et n'est-il pas à craindre qu'à moins de conserver à l'armée d'Afrique un effectif immodéré, la dissémination de nos troupes sur le grand nombre de points qu'elles occupent aujourd'hui ne nous rende incapables d'agir en masse comme il est important de le faire. Quelle est la garnison de l'intérieur qui trouve sur place sa subsistance et qu'il ne faille pas ravitailler ? Or, a-t-on calculé les dépenses énormes auxquelles nous entraînent les ravitaillemens qu'exige une telle répartition de nos troupes ? En comparant ces dépenses aux résultats obtenus, peut-être ceux-ci seraient-ils réduits à bien peu de valeur.

L'emploi des indigènes pour l'occupation des villes de l'intérieur est donc préférable à celui de nos propres troupes, ne fût-ce que parce qu'il nous éviterait ces ravitaillements onéreux, toujours difficiles à exécuter et qui pourraient même devenir impossibles, si une guerre maritime éclatant avant la soumission complète des Arabes nous obligeait à rester dans nos établissements voisins du littoral menacés à la fois et par terre et par mer, et à laisser très compromises les garnisons des villes de l'intérieur.

En un mot, il faut par tous les moyens possibles réorganiser ces *magzen* dont les Turcs savaient si utilement faire emploi et qui n'étaient autre chose que des tribus à leur dévotion et à leur solde. Ce n'est qu'ainsi que nous parviendrons définitivement à dominer le pays, *tout en y conservant peu de troupes*. Peut-être même dans l'avenir, ces milices Arabes, s'unissant aux gardes nationales composées des colons que la pacification aurait attirés en Algérie, coopéreraient efficacement à la défense de la colonie contre les attaques de puissances rivales qui nous laissent tranquillement épuiser aujourd'hui nos forces pour mettre à exécution de vains et faux systèmes, mais dont l'inquiète jalousie nous susciterait bientôt de graves embarras si nous entrions dans une voie qui semblât nous conduire au succès. A notre avis, le commencement de ces chicanes serait un indice certain de nos progrès. Mais si nous en venions-là, le théâtre de la guerre varierait et nous aurions besoin de nos soldats en Europe. Laisserions-nous alors quatre-vingt mille hommes en Afrique? Non sans doute. Donc, le système qui s'appuie sur la conservation d'une telle force en Afrique ne peut donner que des résultats éphémères. L'organisation des Indigènes en tribus alliées occupant l'intérieur de la régence en notre nom amène la possibilité de réduire l'armée sans qu'elle cesse de pouvoir agir vigoureusement au besoin. Il est donc d'autant plus urgent d'adopter cette organisation qu'elle serait non-seulement utile dans le présent, mais qu'elle peut le devenir davantage dans un avenir auquel la prudence nous ordonne de songer.

CHAPITRE V ET DERNIER.

CONCLUSION.

CHAPITRE V ET DERNIER.

CONCLUSION.

Nous avons dit précédemment que le rétablissement des villes musulmanes du littoral et de l'intérieur de la Régence serait une des mesures dont on pourrait attendre sûrement la pacification du pays. Nous ne nous dissimulons pas ce que cette mesure peut présenter d'étrange à quelques esprits; aussi croyons-nous devoir répondre aux principales objections qu'elle pourra soulever.

Que deviendraient alors, dira-t-on, les maisons et autres propriétés acquises par les colons actuels et qui se trouveraient enclavées dans les villes que nous proposons de restituer aux Arabes? Eh bien! cés maisons seraient bientôt ou rachetées ou louées par les indigènes et surtout par leurs anciens possesseurs, qui Juifs, Turcs, Maures ou Arabes s'estimeraient heureux de pouvoir rentrer dans leurs foyers, pour y vivre sans craindre désormais de voir, au mépris de leurs lois civiles et religieuses, des chrétiens s'immiscer dans leur vie privée et pénétrer impunément jusque dans leur intérieur. D'ailleurs, les intérêts qui fixent les colons dans ces villes sont susceptibles d'être aujourd'hui déplacés sans grands inconvéniens. En effet, une faible partie de ces colons est venu chercher des terres à féconder par le travail. Les autres sont des marchands dont le commerce de détail n'est alimenté, ou des ouvriers dont le salaire n'est payé, que grâce à la circulation de la solde de l'armée. Si l'armée s'éloigne des villes, tous ceux qui ne vivent que par elle la suivront nécessairement dans ses nouveaux établissements, autour desquels viendraient aussi bientôt se grouper le petit nombre actuel des colons agriculteurs qui pourraient cultiver là, avec plus de sécurité et de bénéfices, tout autant de terrain qu'ils en cultivent aujourd'hui, dans leur état de dissémination, autour des villes occupées par nos troupes et qui sont loin d'être toutes à l'abri des insultes des Arabes.

Mais, pourra-t-on dire encore, il existe dans ces villes des établissements publics que nous ne pouvons abandonner sans dommage pour nos intérêts? Nous répondrons qu'à l'exception d'Alger où nous ne proposons que de réserver un quartier pour les Indigènes, de même que dans les autres villes un quartier pourrait être réservé pour les Francs, aucune de ces villes ne renferme encore beaucoup d'établissements importants; s'il y en a quelques-uns, ils sont généralement placés hors de l'enceinte, (comme les quartiers de cavalerie et d'artillerie à Oran), ou bien dans les forts qui seraient occupés par les garnisons françaises. Il y en a trop peu dans d'autres situations pour qu'on s'inquiète de l'abandon de ceux-là; d'ailleurs si l'Etat ne pouvait en tirer parti en les vendant ou en les louant à des Indigènes, il pourrait toujours en utiliser les matériaux pour la construction des grands camps qu'il ferait élever par l'armée. Ainsi comme nous le disions, rien ne rend impossible l'exécution d'une mesure dont nous avons déjà fait sentir tous les résultats avantageux.

Dans le premier de ces chapitres nous avons dit que le gouverneur de la colonie devait être militaire aujourd'hui, en raison de la situation belligérante que nous avons eu la maladresse de nous créer en Afrique. Mais nous avons dit aussi que nous regarderions comme un heureux augure des progrès de la colonisation la possibilité de remplacer un gouverneur militaire par un gouverneur civil. Quand arrivera l'époque où ce remplacement sera possible? C'est ce que nous ignorons, si l'on persiste dans le système actuel; mais cette époque serait assez rapprochée, si l'on voulait enfin songer plus à la colonisation qu'à la guerre. Expliquons les motifs de la préférence que nous accordons à un gouverneur civil.

Un gouverneur civil serait toujours moins enclin qu'un gouverneur militaire à l'emploi exclusif de la force et recourrait plus souvent et plus volontiers à la persuasion. Ne pouvant dissimuler ses erreurs et ses fautes sous l'éclat de quelques expéditions dont la gloire reviendrait plus directement aux généraux et à l'armée qu'à lui-même, il ne cesserait pas d'envisager le véritable but de sa mission, et rechercherait plus les progrès réels de la colonie que quelques avantages passagers remportés par nos armes et qui séduisent trop souvent même les notabilités de l'armée dont la réputation militaire n'a plus rien à gagner.

Dans l'ordre civil on trouverait plus d'esprits propres à constituer une société nouvelle, et si non plus d'habileté naturelle, au moins plus d'habitude acquise pour grouper et diriger les élémens divers appelés à la composer. La discipline militaire est trop uniforme, ses règles sont trop acerbes et trop absolues pour que ceux dont la vie toute entière, les manières et les mœurs se sont modelées sur elle, sachent à propos en modifier l'étroite rigueur dans toutes les circonstances anormales que présente à chaque pas une colonie naissante.

Quelque soit d'ailleurs le gouverneur, civil ou militaire, il devrait être choisi parmi des hommes d'une capacité déjà reconnue, mais qui auraient encore cependant à se créer une renommée; c'est-à-dire que, pour éviter des noviciats jusqu'ici trop fréquents dans de telles fonctions, le gouverneur devrait voir son propre avenir dans celui de la colonie ; alors pour s'élever en même temps qu'elle, il n'hésiterait pas à y séjourner longtemps, et la connaissance de plus en plus exacte qu'il prendrait d'un pays qui demande à être longtemps étudié pour que ses ressources soient bien appréciées et utilement exploitées, lui suggérerait chaque jour de nouveaux moyens d'augmenter le bien-être de ses administrés et par conséquent la prospérité de la colonie.

A ce que nous venons de dire sur le choix du chef de la colonie, nous ajouterons quelques mots sur le chef le plus important des Arabes. Nous croyons qu'il n'est pas sans intérêt d'examiner comment Abdel-Kader commande aux Arabes, à quelle conduite il doit l'influence qu'il exerce sur eux et qui le faisait, il y a peu de jours encore, qualifier d'ennemi habile et puissant, par le *Moniteur Algérien*. Il peut y avoir de bonnes leçons à tirer d'un tel examen.

On a souvent dit : « Débarrassons-nous d'Abdel-Kader,

poursuivons-le sans relâche, abattons sa puissance, et l'Afrique sera pacifiée. » Ces assertions sont tout-à-fait inexactes. Qu'on suppose Abdel-Kader mort; sans aucun doute le fanatisme des Arabes lui donnera bientôt un successeur, si nous ne les faisons consentir, par les moyens que nous avons déjà développés dans ce qui précède, à rapprocher leurs intérêts des nôtres. Abdel-Kader n'est pas le chef des Arabes parce qu'il sait les faire obéir; il n'est leur chef que parce qu'il n'agit que suivant la volonté commune des Arabes dont il entretient habilement la haine contre nous. S'ils suspendent leurs hostilités quand il le leur ordonne, c'est parce qu'il leur fait entrevoir que ce repos leur est nécessaire pour tenter plus tard de nouvelles et plus vigoureuses attaques; si les tribus rompent à sa voix les promesses de soumission qu'elles ont faites à nos généraux, c'est parce que jamais elles n'avaient eu la volonté de tenir loyalement ces promesses. C'est donc une faute que de voir la fin de nos embarras en Afrique, dans la chute d'Abdel-Kader même; ce n'est pas ce chef que nous devons soumettre, ce sont tous les Arabes, et les Arabes seraient bientôt soumis si nous appliquions avec persévérance, un système analogue à celui que nous avons esquissé dans les chapitres précédens. La puissance d'Abdel-Kader lui vient des Arabes, les Arabes seuls peuvent la lui retirer. Il le sait très-bien lui-même et c'est pour conserver cette puissance qu'il s'applique à tenir les tribus loin de nos camps et de nos villes. Mais, qu'il s'opère, entre ces tribus et nous, un rapprochement plus sincère que les soumissions qu'elles viennent parfois nous proposer, et Abdel-Kader lui-même se proclamerait le vassal de la France pour conserver encore, sous notre patronage, au moins l'ombre d'une autorité qu'il sentirait devoir incessamment lui échapper. Les autres chefs suivraient son exemple, et nous n'aurions plus à nous occuper de ces dispendieuses installations de Kalifas, Scheicks et Caïds que, dans notre ignorance du pays, nous investissons à grand bruit d'un pouvoir tout imaginaire.

Si cet aperçu d'un système que nous croyons rationnel, possible et facile à mettre à exécution, inspire le désir d'en connaître l'exposé complet, nous ne pouvons qu'engager tous ceux que la question de l'Algérie intéresse, à recourir à l'ouvrage dont cette brochure ne reproduit que quelques parties. Mais ici se borneront nos extraits, et nous nous résumerons ainsi :

1°. Resserrer notre armée dans des positions favorables à l'offensive et à la défensive ;

2°. Commencer avec son concours l'œuvre de la colonisation en l'occupant à des travaux agricoles et en lui faisant construire des camps destinés à devenir des villes, ou plutôt de grandes bourgades habitées par des colons Européens ;

3°. Etablir avec les Indigènes des rapports tels, qu'ils conçoivent une entière confiance dans notre justice et notre modération, aussi bien que dans notre force.

Tels sont les seuls moyens de mettre un terme aux sacrifices aussi énormes qu'inutiles que nous a déjà imposés la Colonie d'Alger, sacrifices que nous ne pouvons cependant plus continuer long-temps sans péril pour nos finances et pour notre politique en Europe.

www.ingramcontent.com/pod-product-compliance
Lightning Source LLC
LaVergne TN
LVHW010038230826
846091LV00005B/1755

* 9 7 8 2 0 1 2 3 9 5 3 7 4 *